AF242330

LES

ÉCOLES de BOUGIVAL

1re AUX CORINTHIENS.

Saint-Germain-en-Laye

IMPRIMERIE TYPO-LITHOGRAPHIQUE de GENDRON et PAUL

5 et 7, rue Saint-Pierre.

PREMIERE AUX CORINTHIENS

« Quand j'aurais le don de prophétie,
« que je pénétrerais tous les mystères, et
« que je posséderais toutes les sciences,
« et quand j'aurais toute la foi possible,
« jusqu'à transporter les montagnes, si
« je n'ai la charité, je ne suis rien.

1re Épître de St-Paul aux Corinthiens.
Dimanche de la Quinquagésime.

Electeurs,

Et cet homme n'est pas clérical? Mais il l'est audacieusement.

Il emprunte ses textes aux pères de l'Eglise et il ne serait pas clérical!

Quel fait plus probant pouvez-vous désirer?

Oui, la preuve est absolue, le doute n'est plus permis. On a condamné des malheureux d'après un acte mal interprété, une simple coïncidence; mais ici, l'aveu est sincère, audacieux, je pourrais dire cynique; comprenez-vous une telle aberration? Saint-Paul! La Quinquagésime!!

Laissez donc passer ces insanités, vous arrêtez-vous devant les ordures que charrie un fleuve?

Rassurez-vous, Electeurs, le masque est jeté, j'ai dépouillé en moi la majesté du pouvoir, je suis redevenu Gros-Jean, comme devant, je vous parlerai en toute liberté, j'appellerai un chat, un chat, et huit conseillers municipaux de votre chère commune des .... comment dirais-je pour rester parlementaire?

Bah! soyons clérical effréné, archi-clérical, et reconnaissons que mes ex-collègues sont de la plus parfaite urbanité, du savoir-vivre le plus exquis, d'une franchise et d'une loyauté qui n'ont rien de clérical.

Ne plus rien être, rien que l'esclave de sa fantaisie. Ne plus subir les grands airs d'un Monsieur Guérand, les grossièretés d'un Monsieur Avenèl, ne plus entendre les paroles patelines d'un Monsieur Baumann, ne plus avoir à rougir des palinodies et de la radicale insuffisance des autres; Oh! Electeurs, quel soulagement profond, quel calme pour le cœur, quel repos pour l'esprit, quel assainissement dans le monde de la pensée.

Dans quelle atmosphère malsaine vous m'aviez condamné à vivre; mais j'ai secoué la poussière de mes pieds, j'ai repris, d'un cœur léger, mon bâton de voyage, je retourne aux fraîches fontaines, à la solitude des bois, aux verts bocages de votre ravissante contrée.

Electeurs, vous me pardonnerez cette lassitude avant l'heure, vous me pardonnerez si je me suis mis en révolte contre vous, si j'abandonne le poste d'honneur où vous m'aviez placé.

Le danger qui honore le lutteur n'était plus devant moi; non, c'était la honte qu'il fallait affronter, c'était au pilori qu'il fallait se laisser attacher; il fallait lutter contre l'injure, la dénonciation, la calomnie, une avilissante sujétion, la lâcheté sous toutes ses formes, le mépris de vos intérêts les plus chers, c'était odieux et désespérant, c'était à douter du cœur, de l'esprit, de l'intelligence de l'homme.

Mais ce dont je ne peux douter, c'est du cruel égoïsme, qui étouffe tout sentiment humain dans le cœur des triomphateurs.

Ah! les voilà heureux. Ils ont repoussé sans examen, par un vote méprisant, un travail sérieux, étudié avec soin, deux fois approuvé par des hommes compétents; mais nos Aristarques de village s'arrêtent-ils à si mince bagatelle? Est-ce qu'ils sont tenus aux égards, aux convenances envers leurs collègues? Fi donc.

Ils sont heureux.

Un des cinq avait prophétisé cette chute humiliante, car, apprenez-le, Electeurs, vous avez un prophète dans votre conseil, et ce n'est pas le moins ardent à tout combattre, à tout repousser, et à rire et à se gausser lorsqu'il s'agit de vos intérêts les plus légitimes.

Electeurs, écoutez et méditez bien sur ce qui suit.

J'écrivais :

« Et moi aussi, Monsieur le Préfet, j'appellerai votre attention sur
« nos projets d'écoles; je vous dirai que nos établissements scolaires
« sont flétris comme meurtriers, qu'ils sont condamnés par les rap-
« ports de M. l'Inspecteur primaire, de M. Hervet, maire de Rueil,
« nommé commissaire enquêteur en 1877 et 1878, qu'ils sont l'objet
« des plaintes incessantes des instituteurs primaires, qu'ils sont
« repoussés par toutes les personnes qui mettent les prescriptions de
« l'hygiène au-dessus des considérations d'argent et qui estiment que
« la vie de nos semblables nous impose des devoirs impérieux.........
— Interruptions, — M. Baumann, le prophète, M. Avenel, son nimbe, éclatent de rire. Ah! ah! ah! très-joli, très-dramatique, très-émouvant, mais il faut envoyer cela au maître, à Richebourg, c'est du roman.

C'est du roman, la santé de vos enfants? Triste roman!

Quand je vous dis qu'ils sont les contempteurs, inconscients, je l'avoue, de vos plus justes revendications, me croirez-vous, Electeurs?

C'est du roman, vous entendez, du roman, cette dépopulation toujours croissante de la Patrie, qui a pour cause l'inexorable dureté de cœur de vos dirigeants, qu'ils soient monarchistes, impérialistes, ou républicains..... d'étiquette, c'est du roman, toujours du roman.

J'ai une trop haute opinion de l'intelligence de M. Richebourg pour croire qu'il vous suivrait dans la voie où vous êtes engagés; il

se garderait bien de rire et de railler en présence de cette grande question de nos écoles; il dirait avec moi: « J'estime que la vie de nos semblables nous impose des devoirs impérieux. » Il dirait : « avec
« tous les hommes qui ont souci de leur dignité, de leur responsabi-
« lité, agissez, M. le Préfet, agissez promptement, il est au milieu de
« nous cinq cents petits êtresqui n'oublieront jamais que c'est à vous
« qu'ils doivent des écoles spacieuses, plus salubres; une salle d'a-
« sile où ils trouveront l'espace pour leurs jeux, le repos et le bien-
« être. »

Mais vous, Messieurs, vous riez; c'est si drôle, des enfants malades, des mères en deuil; ah! vous riez. Rira bien qui rira le dernier.

Ah! le magnifique conseil; il est bien digne de votre sollicitude, Électeurs démocrates, car ces gens-là sont bien malades.

Ils se moquent de vos besoins et ils dénoncent leurs collègues.

Ils étaient cinq pour faire ce joli métier. C'est écrit dans une fort belle lettre, ma foi; un jour je vous offrirai ce mets de haut goût.

Qui donc peut inspirer à vos élus une telle conduite? Quel est le mauvais génie qui souille des âmes, jeunes encore, et les porte à la dénonciation?

Pourquoi un tel effacement dans les caractères? Pourquoi une vie publique si fragile? Est-ce ainsi que vous espérez servir la démocratie?

Cette lettre des cinq, adressée à M. le Préfet, rédigée en séance extraordinaire du Conseil municipal de St-Michel, car St-Michel, — rien de l'Archange — a son conseil; cette lettre; signée du nom de MM. Avenel, Guérard, Baumann, Mantion Bachelet, J. E. Couturier n'est-elle pas un acte d'accusation dirigé contre le Maire et l'Adjoint de la commune de Bougival? Comprenez-vous, Électeurs, que des collègues dénoncent leurs pairs, leurs élus? Comprenez-vous que des hommes constamment préoccupés de vos intérêts, de vos besoins, de votre hygiène, de tous ces infinis détails qui témoignent de la sollicitude de vos administrateurs, que ces hommes soient signalés à l'autorité supérieure comme coupables d'actes d'autorité arbitraire?

Quels grands mots pour de petits hommes et de petites choses!

Le Conseil municipal de St-Michel se réunissait chaque jour, place Ste-Agnès; là on arrêtait un plan de campagne, on stimulait l'ardeur guerrière des combattants, on gourmandait les indécis, les tièdes, les naïfs, on se comptait, on était sept. Mais sept conjurés, cela ne donnait encore que l'égalité des voix, que faire?

A la rescousse, Mont-Joie — St-Denis!

Non, ce cri leur est inconnu, ce cri du dévouement, de la fidélité, de l'immolation au devoir; ils ont pour oriflamme la bannière flottante des fêtes, image de leur inconstante opinion.

Et les chefs étaient soucieux; sept, disaient-ils.

Est-ce que cette prophétie du grand prophète Baumann ne s'accomplirait pas? Est-ce qu'il faudrait avouer sa défaite? Faudrait-il ne plus poursuivre ce mirage, à peine entrevu?

Ma foi, la fin justifie les moyens (maxime bonapartiste à l'usage des prophètes), et il s'est trouvé un Judas dans le Conseil municipal de Bougival.

Histoire vulgaire, s'il en fût, demandez au Sénat.

Ah! le merveilleux Conseil!

N'allez pas douter de son ardent amour de la démocratie; quelle injure!

Il en est un surtout, parmi les cinq, un qui à l'exemple du pélican, se percerait les flancs pour nourrir..... les enfants de la démocratie.

Nommons-le, c'est le très illustre M. Guérand.

Il en est, lui, de la démocratie, c'est pourquoi il se montre si tendrement passionné pour elle.

Quel républicain, bon style, rien du clérical, au moins! Quelle intelligence? Quelle suite dans les idées! Quelle science merveilleuse de la loi!

Electeurs, gardez-vous bien de réélire jamais un pareil homme, il jette un tel éblouissement dans le Conseil, que nulle gloire n'égale sa gloire.

Pauvre homme! il fut jeune, il mordit un jour au fruit de l'arbre de la science, il devint scribe, chez un notaire, notez le lieu; aujourd'hui il est pharisien. Filiation logique.

Regardez-le, coiffé de son petit chapeau, en plat à barbe, allant cahin-caha, la démarche grave, pesante, on dirait Atlas portant un monde sur ses épaules.

En effet, le cher Monsieur, il porte un monde, mais un monde lunaire, sans chaleur, où toute vie est absente. Quelle aridité dans cet homme, au moral comme au physique! Quelle négation ambulante de tout ce qui est juste, droit, loyal, humain; tout en lui vous repousse, il est froid, glacial, visqueux, on dirait le couperet, encore saignant, de l'exécuteur des lois.

Ah! la loi, il la connait, il a été scribe, ai-je dit, chez un notaire.

Il la connait, il couche avec, c'est le rêve qui berce son doux sommeil.

Heureux homme! Il la connait, car il la pollue, il se permet à son sujet des commentaires qui sont d'un grotesque — modèle de genre — Il faut l'entendre prononcer ce mot, la loi! Quel hiatus, large ouvert, pour laisser passer, sans trop l'endommager, toute la collection de Cujas, 10 vol. in-fol. Venise, 1758. Quel juriste consommé — aux croûtons —. Quelle aubaine, pour les affamés de la démocratie, qu'un tel régal!

C'est aussi l'homme du vote secret, vous entendez, Electeurs, du vote secret, celui qui témoigne de l'indépendance de l'homme, le vote secret, cet éventail derrière lequel le votant peut rougir sans crainte.

Voilà le coté moral de vos conseillers, Electeurs.

N'allez pas leur demander le vote au grand soleil, véritables oiseaux de nuit, ils ne sauraient plus se reconnaitre.

Oui le vote à main-levée est illégal, c'est un acte d'autorité arbitraire, ce vote qui dit à tous, voilà ce que je pense, voilà ce que je veux, c'est illégal; Pourquoi, ô juristes consommés! — toujours aux croutons — ne dites-vous pas c'est immoral, ce trait achèverait de vous peindre.....

Ah! le mirobolant Conseil!

Electeurs, vous n'eûtes pas la main heureuse le jour où vous fûtes appelés à choisir vos mandataires, vous surtout, Electeurs démocrates, vous n'avez pas choisi le dessus du panier, il y a un ver rongeur au cœur de ces fruits fallacieux; que voulez-vous, c'est un travail d'épuration que vous aurez à faire un jour, mais souvenez-vous, qu'il vaut mieux avoir en face de soi un loyal ennemi qu'un ami perfide

Et les autres, parmi les huit, que dire à leur sujet? Véritables moutons de Panurge, ils sautent le fossé parce que chiens et bergers ont sauté le fossé; ils applaudissent parce que le chef de la claque applaudit; ils baillent parce que Atlas éprouve le besoin d'aller coucher avec la loi.

Comparses muets d'une innocente comédie, une pastorale, jouée à trois — rien de la Champagne, celle qui pétille —, ils vont, les candides au gré des ficelles que remue Atlas; il faut voir comme il les secoue, comme tout ce monde obéit au doigt et à l'œil, comme ils écoutent leur prophète Elie, dont ils attendent l'enlèvement, non pas 880 ans avant J. C., mais 1880 après J. C. Avant cette ascension pour les régions célestes, ressuscitera-t-il le fils de la veuve de Sarepta?

Nous verrons bien, attendons le départ pour le ciel, grande vitesse,

Docteur J. DUBORGIA.

Bougival, 29 Juillet 1879.

Imp. Gendron et Paul, St-Germain.

LES
ÉCOLES de BOUGIVAL

2ᵐᵉ AUX BOUGIVALAIS.

Saint-Germain-en-Laye
IMPRIMERIE TYPO-LITHOGRAPHIQUE de GENDRON et PAUL
5 et 7, rue Saint-Pierre.

DEUXIEME AUX BOUGIVALAIS

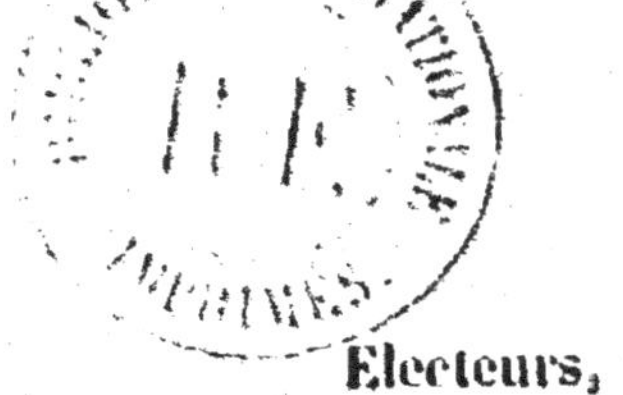

Electeurs,

En ce temps là, le Prophète Elie était sur la montagne consacrée à Saint-Michel, il prit les sept avec lui et leur dit : Nous allons à Bougival.

Ils descendirent ainsi vers la vallée, les disciples entourant le maître.

Ceux-ci, dirent : Elie, éclairez-nous, car nous sommes plongés dans une nuit profonde, à quel but marchons-nous?

Ecoutez, dit le Prophète; des présomptueux ont voulu s'imposer à nos volontés, j'ai dit : je les briserai, et maintenant ils sont, comme les fausses idoles, couchés dans la poussière des tombeaux.

Ils voulaient élever aux enfants du peuple un édifice modeste, mais spacieux, en pleine lumière, au grand air pur de la vallée, où les enfants des déshérités de la vie sociale viendraient recevoir la manne céleste, celle qui élève la pensée, fortifie le cœur, purifie l'esprit des souillures acquises et donne aux aspirations de l'âme la vague perception de cet idéal vers lequel l'homme doit diriger toutes ses facultés.

Ils voulaient être justes, humains, charitables dans la pure acception du mot, mais j'ai dit, moi, Prophète : cet édifice ne s'élèvera pas, le projet de ces hommes, je l'anéantirai, je ne veux pas d'Ecoles.

Et les sept reprirent : le projet de ces hommes, nous l'anéantirons, nous ne voulons pas d'Ecoles.

Les enfants du peuple croupissent dans la fange, ils ne sont ni nourris, ni vêtus, ni instruits, ni éduqués, tant mieux, ils doivent continuer à croupir dans la fange, à souffrir de la faim et du froid, ils doivent rester ignorants et grossiers, qu'ont-ils besoin de votre manne céleste pour aller s'engloutir au fond des entrailles de la terre, loin de la splendeur des cieux, étrangers aux choses de ce monde; pourvu qu'ils aient des bras robustes et un pic bien aciéré, c'est tout. — Ainsi parlait le Prophète.

Et les sept répétèrent : Pourvu qu'ils aient des bras robustes et un pic bien aciéré, c'est tout.

Le Prophète reprit.

Les voilà humiliés, honnis, bafoués, ces hommes que nous avions élevés sur le pavois, je les ai chassés de la Synagogue, à mes yeux ils étaient impurs.

Ils étaient assez simples pour prendre leur rôle au sérieux, *ils voulaient être véritablement les serviteurs de la démocratie.* Mais nous les avons traités avec dérision, nous les avons injuriés, nous les avons dénoncés à Ponce-Pilate; ils sont morts.

Et maintenant, à nous le gouvernement de ces ineptes, de cette Démocratie qui croit, la stupide, que la justice doit régner sur la terre.

Les sept répétèrent : à nous le gouvernement de ces ineptes, de cette Démocratie qui croit, la stupide, que la justice doit régner sur la terre.

Ils arrivèrent dans la salle de leur conseil.

Le silence se fit.

Le Prophète était tombé dans l'extase, il poursuivait une vision.

Et alors, les sept parlèrent tour-à-tour.

L'un d'eux se lève, celui-là porte une plume d'oie derrière l'oreille, il dit :

Oui, l'ignorance et la sottise et la misère et la dépravation doivent être éternelles, c'est une loi fatale; mais il faut que le nombre sache reconnaître les élus de l'intelligence, de la fortune, de la gloire, il leur faut un signe, ne sommes-nous pas légion?

Si la science n'était plus un privilége, que deviendrais-je, moi? J'aurais des compétiteurs. A bas les Ecoles!

Un second se lève, il porte sur l'épaule droite l'oiseau favori de Minerve, il dit : Je n'ai pas d'enfants, je n'en aurai jamais; ceux de mes voisins s'étiolent, ils languissent, leur intelligence est inerte, tout meurt en eux, ils font pitié; que m'importe les Ecoles; j'aime mieux une obligation de la ville.

A bas les Ecoles!

Un troisième regarde furtivement l'assemblée; il se lève,, il porte une branche de laurier à son chapeau, il dit : La terre est féconde, elle donne ses fleurs et ses fruits à l'homme, tout dans l'Univers se reproduit, se perpétue, revient à la jeunesse dans ses œuvres; je crée des espèces nouvelles, j'embellis la demeure des autres, la mienne seule, reste solitaire, sans vie, sans mouvements, sans charmes; pourquoi ferais-je le bonheur des autres?

A bas les Ecoles!

Un quatrième se redresse lentement, sur son front se voit une couronne formée d'une branche de houx, ornée de ses jolis fruits rouges, c'est un merveilleux diadème sur un bonnet de coton, il dit : Tout est bien. Lorsque j'étais jeune, l'école était une grange, filles et garçons grouillaient sur la même paille; l'impôt nous dévore, à bas les Ecoles.

Un cinquième surgit de son siège, on le dirait poussé par un ressort : Il hésite, il est indécis, son attitude laisse soupçonner qu'il va commettre une mauvaise action; les pampres de Bacchus l'enguirlandent, il dit : Des écoles, oui, mais qui les paiera?

Nous, disent les sept.

Alors, à bas les Ecoles! Pourquoi faire des Ecoles? La seule ole du peuple et de ses enfants, c'est le cabaret; ses livres, c'est le p itbleu et le tord-boyaux; son instituteur, c'est le délirium tremens. Ah! le rude maitre, mais il ne corrige personne, et je m'en félicite, que ferais-je si le peuple ne buvait plus? A bas les Ecoles et vive Rampouneau!

Un sixième veut se lever, mais il retombe sur son siége, sa physionomie porte l'expression de la souffrance, une petite image de Saint-Antoine est tatouée sur son bras gauche, il dit : Dieu a condamné l'homme à gagner sa vie à la sueur de son front, et après son rude labeur, il doit mourir. Telle est la vie, travailler et mourir.

Apprendre, Pourquoi? Savoir, Pourquoi? Qu'est-ce que l'intelligence?

Je me suis passé d'elle et j'ai prospéré; je place chez Isaac une somme assez rondelette, bon an, mal an; donc, à bas les Ecoles!

Un septième quitte le fauteuil de la Présidence, jusqu'alors il avait semblé sommeiller, un sourire perfide plisse ses lèvres, une joie mal contenue, éclate dans ses yeux étroits, enfoncés dans de profondes orbites; il tient à la main une balance romaine, il dit : C'est bien, je vous reconnais, ô mes collègues! Vous êtes bien mes élèves, je voudrais pouvoir dire, mes enfants; j'aime ce cri, A bas les Ecoles! Quelle joie pour moi de voir cette touchante unanimité. Notre bourse est sauve, plus d'impôts nouveaux, plus la menace de l'octroi. Après avoir foulé aux pieds les ennemis de notre repos, ces cadavres qui sont là, crions en chœur, ô mes amis! A bas les Ecoles!

Et un cri formidable retentit : A bas les Ecoles!

A ce bruit, le Prophète fut tiré de son extase, ses yeux brillaient d'un éclat fulgurant, son geste était impérieux et les rides profondes de son front annonçaient la tempête.

Insensés! trois fois insensés! N'entendez-vous pas ces clameurs, ces imprécations, cette foule en furie plus redoutable que le terrible Océan déchirant les grèves.

Ecoutez!

Et la foule disait: Arrière, Prophète de malheur! Arrière, hommes sans principes, sans convictions, effroyables Tartufes de la Démocratie! Arrière.

Et sur un geste l'Océan humain s'appaisa.

Et une voix sortit de la foule qui disait :

La République, Citoyens. l'oubliez-vous? La chose publique, c'est-à-dire le bien commun, le bien de tous, si elle nous impose l'égalité des charges, elle nous demande aussi l'égalité des bienfaits.

Pourquoi le peuple resterait-il dans la fange, dans l'ignorance, dans la misère, dans le mépris de lui-même? Est-ce que le peuple vous marchande ce que vous jugez utile, sage, salubre de faire pour vos enfants? Est-ce qu'il vous mesure l'air et l'espace? Est-ce qu'il vous limite dans vos dépenses? Les monuments que vous élevez à la science, mais il en est fier et heureux, car, la science c'est le progrès, et le progrès c'est l'avénement du peuple.

Et vous, Élus infidèles, vous qui êtes bien plus préoccupés de vos intérêts personnels que des intérêts de la commune, vous qui manquez à votre mandat, vous qui ne cachez plus votre joie d'avoir sacrifié et les intérêts du peuple et deux hommes dévoués à la Démocratie, vous qui croyez triompher parce qu'ils ne sont plus, je vous le dis, en vérité, votre triomphe est éphémère.

Le peuple a reconnu qu'il n'y a rien en vous qu'un égoïsme effréné, il sait que vous recommencez aujourd'hui une lutte où vos maitres ont été vaincus; il sait que vous êtes comme un airain sonnant, comme une cymbale retentissante; il sait que votre charité excelle dans l'injure, la dénonciation, le mépris du juste; il sait que vous n'êtes pas parmi les doux, les bienfaisants, vous êtes parmi les curieux, les téméraires, les précipités; vous vous enflez d'orgueil, le dédain fausse votre jugement, vous recherchez vos propres intérêts, vous vous blessez d'un mot, et votre caractère s'aigrit, le mal est la pensée qui vous domine et l'injustice emplit votre cœur de joie; vous n'avez pas la charité, vous n'êtes rien, vous êtes comme un airain sonnant et comme une cymbale retentissante; disparaissez!

Et la foule répéta : Disparaissez!

Puis elle se dispersa au cri, mille fois acclamé : Vive la République!

Et à l'heure où tout repose, où Phœbé, la pâle Phœbé règne en souveraine sur un monde endormi; où la vie n'est plus active, où elle est passée à l'état latent; à cette heure des grandes solitudes, où le repos ressemble à la mort, sur la montagne de Saint-Michel une silhouette se dessinait dans les nébuleuses pâleurs de la nuit.

Cette forme humaine suivait le chemin d'Ariel, de cet ange déchu, elle allait le front incliné vers la terre, les lèvres murmuraient : Si je ne suis la charité, je ne suis rien; et son triste regard s'élevait vers la voute étoilée. Les lèvres murmuraient encore : Je suis comme un airain sonnant, comme une cymbale retentissante; et la forme humaine disparut.

Était-ce le Prophète Élie? Était-ce un de ses disciples?

La vision ne laissa nulle trace de son passage sur la terre.

Docteur J. DUBORGIA.

Bougival, 3 Août 1879.

LES

ÉCOLES de BOUGIVAL

3me AUX ÉLECTEURS.

Saint-Germain-en-Laye

IMPRIMERIE TYPO-LITHOGRAPHIQUE de GENDRON et PAUL

5 et 7, rue Saint-Pierre.

AU PROPHETE ET A SES DISCIPLES

Je vous enverrai le Prophète Elie avant que le grand
et l'épouvantable jour arrive, et il réunira le cœur des
pères avec leurs enfants et le cœur des enfants avec
leurs pères, de peur qu'à mon arrivée je ne frappe la
terre d'anathème.

Prophète Malachie.

Electeurs,

Je vous devais la vérité, l'inaltérable vérité; je n'ai reculé devant
rien pour vous la dire, les amitiés les relations sociales, les intérêts
professionnels, je vous ai tout sacrifié, parce qu'il eût été indigne de
vous et de moi de vous céler quoi que ce fût dans les questions qui
vous intéressent.

Il en est une pour laquelle j'ai élevé la lutte jusqu'à la passion,
parce que je n'en connais pas de plus humaine, de plus morale, de
plus juste, de plus digne d'occuper les esprits droits et clairvoyants.

Je veux parler de la question de vos enfants et par conséquent
de leurs écoles.

Pour moi, comme pour tous les hommes prévoyants, c'est la question principe, instruire, moraliser par l'étude, ne plus faire de non-
valeurs pour le cabaret; mais des hommes pour tous les ateliers de
l'activité humaine.

On a blâmé l'ardeur de ma polémique; pour plaire il eût fallu sans
doute être émollient, anodin, rester dans le demi-jour, faire du ca-
quetage; j'ai préféré prendre le taureau par les cornes, n'y a-t-il pas
assez longtemps que Minotaure se nourrit de notre chair? Est-ce que
vos enfants devront toujours payer un tribut à ce monstre?

Oui, Electeurs, il est parfois dur de faire entrer certaines idées de
justice dans la cervelle obstinément close de l'homme qui ne veut pas
comprendre, malgré l'évidence et la raison.

On s'est fait une certaine routine dans le monde de l'intellect et on
ne veut plus en sortir, on couche douillettement son esprit dans le
satisfecit et on le laisse paisiblement dormir, c'est la demeure de la
belle au bois dormant.

Excepté le cas de l'inattendu, cependant.

Exemple.

Un enfant tombe, une roue de voiture le broie; mille cris s'élèvent,
mille cœurs s'élancent, les soins les plus tendres, les plus sympathi-
ques, les plus dévoués lui sont prodigués.

Pourquoi cette spontanéité dans la pitié, vers le devoir, vers l'humanité qui souffre?

Pourquoi? Parce qu'il y a l'inattendu, les cris de la douleur, le
sang de la victime et que la divine pitié vous conduit vers cet être

qu'il faut ou tuer ou secourir.

Chose étrange!

Ce même enfant que vous n'avez pas tué mais que vous avez secouru au nom de la pitié miséricordieuse; hier vous lui avez parlé, vous l'avez rencontré sur les grands chemins, ses petits pieds étaient nuds et déchirés par les pierres de la route et les ronces du sentier; son petit corps amaigri était couvert de loques, ses traits intelligents vous avaient frappé, vous lui aviez dit : mon enfant, pourquoi n'es-tu pas à l'Ecole?

A l'école! Monsieur, mais M. l'Instituteur n'a pas de place pour me recevoir, il a dit à papa qu'il avait déjà quarante enfants de trop dans ses classes.

Que fait ton père? — Il travaille. — Et ta mère? — Elle travaille. Et toi?

Moi? Monsieur, moi? Je vais de buisson en buisson, je cherche ces jolies habitations bien chaudes, bien capitonnées, où les oiseaux du ciel élèvent leur famille, et je pense à celui dont on a pu dire :

> Aux petits des oiseaux il donne la pâture,
> Et sa bonté s'étend sur toute la nature.

Et alors?

Alors je rêve, je cherche à comprendre. Je ne peux. Suis-je donc moins que le petit des oiseaux?..............Puis, j'écoute les cris joyeux des enfants qui s'ébattent au sortir de la classe, je regarde le toit de l'école et je soupire, suis-je donc moins que le petit des oiseaux?

Et le soir venu je retourne au logis, ma mère me gronde, mon père me bat, mon grand frère mange mon souper; Ah! si j'étais petit oiseau!

Et cet enfant ne vous a rien appris, il n'a pas été un enseignement pour vous; vous êtes rentré au milieu des vôtres, vos chers trésors vous ont donné ces bons baisers si doux à recevoir, vous vous êtes occupé de leur travail, de leur santé, de leur bien-être, et ce pauvre petit abandonné dont l'école primaire ne veut pas, faute de place, vous entendez, parce que quarante enfants sont déjà de trop, ce pauvre petit être ne vous vient plus à la pensée, vous croyez ne rien lui devoir; et cependant lorsque vous le prites dans vos bras pour le secourir, vous étiez sublime, *la charité* vous transfigurait, ce petit corps brisé faisait couler vos larmes, mais, ô douloureuse servitude de l'esprit! vous êtes indifférent devant cette jeune intelligence qui se développe à tout hasard, qui ne sait rien ni du bien, ni du mal, et qui marche fatalement vers ce gouffre toujours ouvert, le vice et la débauche.

Electeurs, ai-je donc réellement tort de plaider pour ce pauvre petit abandonné?

Dites-le moi, ais-je tort?

Dois-je suivre mes ennemis, mes contradicteurs, ces Républicains de mauvais aloi, auxquels l'épithète de Publicains conviendrait mieux?

Eh bien! Je vous l'avouerai, si vous me traciez leur ligne de conduite, je vous désobéirais.

Je préférerais l'oubli à la honte.

J'irais au juste et non à l'injuste.

Je servirais la morale et non l'immoralité.

J'ouvrirais l'École et non les lieux de dépravation.

Je prendrais cet enfant blessé dans son intelligence, meurtri dans son âme, souillé peut-être dans ses instincts, je donnerais à l'être moral les soins que je prodiguais à l'être matériel.

Si j'ai tort de penser ainsi, Electeurs, oubliez moi, mais tant que j'aurai souffle de vie je m'élèverai contre l'immonde abandon où l'enfance est laissée.

Electeurs, déjà nous avons lutté pour la même cause, déjà j'ai trouvé devant moi des adversaires dont la politique avait faussé le cœur et le jugement.

Vous avez fait votre devoir en les écartant de l'administration de vos affaires, car c'est vous qui constituez essentiellement la commune.

Aujourd'hui, des hommes nouveaux, des Républicains, à ce qu'ils disent, se lèvent, eux aussi, pour faire obstacle à l'accomplissement d'un projet nécessaire, poursuivi depuis longtemps; ils ne reculent devant aucun moyen, les plus odieux ont leur préférence. Ils ont rencontré des consciences assez basses pour servir deux maitres; ils les ont prises à leur service.

Et vous voulez que pour ces hommes je sois indulgent, que j'atténue l'expression de mon indignation et que l'amer sarcasme devienne une anodine raillerie? Non, jamais!

Quoi! Après avoir lutté contre un homme qui fut longtemps à notre tête, qui, à défaut d'autre mérite, était un homme bien noté auprès de l'administration supérieure, si bien noté, qu'aujourd'hui encore c'est lui qui est consulté, écouté et qui tient vos administrateurs en échec. Après l'avoir emporté de haute-lice parce que je défendais le droit et la justice, non seulement contre lui, mais encore contre les notabilités de la commune, mes pairs, sans en demander pardon aux vanités que je blesse; j'irais aujourd'hui amener pavillon devant des hommes qui n'ont aucun prestige, aucun antécédent, aucune autorité, aucun mérite, pas même celui de la constance dans leur opinion; j'irais m'incliner devant une intrigue misérable, conduite par un esprit misérable, au profit d'une ambition misérable, j'abandonnerais cette cause si juste, si humaine, si morale, si sociale, l'avenir de vos enfants; je m'avouerais, non pas vaincu, mais découragé, attristé de remuer tant de petitesses, de me heurter contre de si mesquines passions, alors qu'il était de notre devoir à tous de nous occuper des enfants du peuple et de commencer par leur donner des classes salubres;

Je ferais cette faute? Ah! si vous avez compté sur mon découragement, sur ma lassitude, sur mon dégout pour certains hommes, vous vous êtes singulièrement trompés.

Le jour où nos électeurs me diront: Un autre homme est nécessaire, retirez-vous de la lutte, ce jour là j'obéirai; car notre maitre à tous, à nous qui voulons servir la démocratie, c'est le suffrage universel, c'est le peuple déposant librement son vote.

Jusqu'à cette heure, que j'attends avec confiance, je reste debout, et je prends pour devise: *fais ce que dois, advienne que pourra.*

Parmi vos élus, Electeurs, il est des hommes qui disent : la commune, c'est nous. Ils considèrent Bougival comme un village agricole et comme ils représentent l'Agriculture, ils concluent que l'administration de la commune leur appartient.

Quels sont ces hommes? En tête M. Guérand, puis MM. Henri Mantion, J. E. Couturier, J. B. Mantion.

Ces quatre personnages ont toujours marchés ensembles, la question des écoles les a toujours trouvés réfractaires.

Si ces Messieurs le permettent, nous allons faire un peu de statistique agricole, puis après nous concluerons.

Bougival, au point de vue de son territoire, est une très petite commune, 270 hectares d'étendue, pour une population de 2,310 habitants résidants toute l'année, et une population d'été de 1500 habitants, au moins.

Cette seule énonciation met à néant la prétention de Messieurs les réprésentants de la culture, mais entrons dans les détails.

La statistique officielle indique pour la commune de Bougival.
1° Froment — 3 hectares — 24 hectolitre à l'hectare, soit 72 hectolitres 2° Avoine — 3 hectares — 45 hectolitres à l'hectare, soit 135 hectolitres 3° Pomme de Terre — 4 hectares — 50 hectolitres à l'hectare, soit 200 hectolitres.

Vous voyez que la culture, à Bougival, représente une petite Closerie de la Bretagne, il ne faut donc pas s'y arrêter ; il est certain que si nous jugions l'importance de la culture de ce pays, à l'importance de M. Guérand, conseiller municipal, nous aurions beaucoup à exporter, à commencer par M. le conseiller.

Je continue ma revue agricole.
Vigne — 5 hectares — Pépinière — 20 h. Bois — 15 h. Prairie 20 h. Fruits 10 h. Légumes 10 h. au total 90 hectares ; mettons si vous le voulez 100 h. et n'en parlons plus.

Il vous est donc bien prouvé, Electeurs, que la culture de votre pays ne vous donne rien des choses essentielles à la vie ; le blé, la viande, le vin, le bois, vous tirez tout du dehors.

L'avoine, l'orge, les issues, la paille, le foin pour la nourriture de vos animaux domestiques, rien n'est tiré de votre propre fond, toutes ces choses vous les demandez aux pays de productions.

Votre population fixe de 2310 habitants consomme au moins annuellement 2310 hectolitres de vin, 420,000 kilogrammes de pain, 85000 kilogramme de viande, etc etc etc ; notez que je ne fais pas entrer dans ces chiffre la consommation de la population flottante, ce qui augmenterait au moins d'un cinquième le total des produits consommés.

Et dès-lors, dites-moi ce que devient votre petite closerie de la Bretagne en présence de ces chiffres de Garguantua ?

Vous êtes bien risible, M. Guérand avec votre prétention de mettre seize cultivateurs sur les seize siéges de votre salle du conseil ; bien risible, en vérité ; pour vous la bourgeoisie, le commerce, l'atelier ne comptent pas.

Pour justifier tant de prétention, voyons encore ce que vous pouvez nous offrir, qui ne vous couterait rien, bien entendu.

Parlons du fisc, car enfin c'est *lui seul* qui fait le revenu communal, ah! si l'on pouvait se passer du fisc, quel Eldorado que cette terre !

Mais non, il faut compter avec lui, comptons.

1° Le foncier, car c'est là que le bât vous blesse, ô très cher ex-collégues, 100 hectares à 25 f. d'impôt par hectares, égale 2500 f. perçus par l'Etat. L'Etat est assez généreux (ce ne serait pas vous, oh! non) pour abandonner le quart de cette somme à la commune, *soit 625 f. !!*

Eh bien! M. Guérand, qu'est-ce que vous concluez, car enfin il faut conclure? Voyons, décidez-vous.

Vous n'osez le dire, je le dirai pour vous, vous savez, j'ai l'âme si bonne.

625 francs pour payer 900 francs, salaire du garde-champêtre ; déficit 275 francs! ô Monsieur Guérand, ne nous parlez plus que de votre importance, elle nous suffit amplement. *Vous ne payez pas même votre garde-champêtre!*

Est-ce tout ? Non, en vérité. Et vos chemins vicinaux, les oubliez-vous? sur 6000 f. que produisent les prestations, 2000 f. tout employés aux chemins de grande communisation ; 4000 f. sont consacrés à l'entretien de 5000 mètres de chemins vicinaux. Je sais bien que vous n'en voulez pas des chemins, mais enfin ils existent, il faut les entretenir.

Un cultivateur qui ne veut pas de chemins, est-ce assez original? ô progrès !

Combien êtes-vous pour payer ces 4000 fr. de prestation?

Cinquante. Quelle est la moyenne de vos cotes? Douze francs.

Au total 600 fr. pour payer 4000 fr. Déficit, 3400 fr.

Récapitulons maintenant; vous savez, les bons comptes font les bons amis. Oh!! allons-nous nous aimer!

1° Impôt du foncier, déficit 275 fr.

2° Impôt des prestations, déficit 3400 fr.

3° Cantonnier, 900 fr.

Au total 4575 fr. que la culture prélève sur les finances de la commune.

Qu'en dites-vous, M. Guérand? Est-ce que je possède mon Barème?

Mieux que vous ne possédez Cujas, vous savez, l'homme de la loi. votre précurseur.

Est-ce tout? Non, Electeurs.

Si je prends la liste électorale municipale, je vois 575 noms inscrits. Si j'en fais le dépouillement, je trouve cinquante cultivateurs, un peu plus du onzième du chiffre général.

Que concluez-vous, M. Guérand, vous qui êtes si logique?

Que vous devez avoir seize siéges dans le Conseil municipal.

Je le veux bien, mais je ferai tout mon possible pour vous mettre entre deux siéges le..... l'Assommoir me défend de continuer.

Tout cela est triste, Electeurs, très triste: mais, rassurez-vous, la question politique est en dehors de ce débat; nous sommes en face d'un intérêt purement communal, étranger à la politique, cet intérêt ne doit pas, ne peut pas altérer l'unité Républicaine de Bougival.

Il y a deux camps; dans le premier, auquel je me fais honneur d'appartenir, nous avons inscrit sur notre drapeau : Ecoles spacieuses, salubres. Développement moral, intellectuel et physique de l'enfant. Education, synonime de civilisation,

Dans le second, je n'ai pas besoin de savoir ce qui s'y passe; mais Electeurs, ce que vous ne devez pas ignorer, vous, dont je recherche les suffrages, c'est que ma présence au conseil municipal signifiera, *Nouvelles Ecoles*, elle ne peut plus signifier que cela aujourd'hui.

Cette question, qui divise votre conseil, devait au contraire nous trouver réunis.

Ne nous imitez pas, restez unis, nulle question n'est plus à votre honneur et dans vos intérêt; n'oubliez pas ce que vous dit Saint-Luc, Evangile du 3ᵐᵉ Dimanche de Carème.

Tout royaume divisé contre lui-même sera détruit: et toute maison divisée contre elle même tombera en ruines.

Souvenez-vous encore de cette légende de vos monnaies Républicaines :

L'Union fait la force.

Docteur J. DUBORGIA.

Bougival, 10 Août 1879.

LES
ÉCOLES de BOUGIVAL

5me Lettre à M. Paul AVENEL.

SAINT-GERMAIN-EN-LAYE
Imprimerie Typo-Lithographique de Gendron et Paul,
5 ET 7, RUE SAINT-PIERRE.

Monsieur Avenel répand dans Bougival la pièce suivante :

UNE AMABILITÉ DE M. DUBORGIA

M. Duborgia a eu l'amabilité de m'envoyer la lettre suivante copiée e sa propre main sur l'original. Je la publie sans commentaires. La oici. *Et nunc erudimini, gentes!*

Bougival, 23 août 1879

A Mesdames les Sœurs institutrices de Bougival.

MESDAMES,

Je déplore infiniment ce qui s'est passé hier à la distribution des prix, et je m'empresse de vous informer que l'Administration municipale n'est absolument pour rien dans les paroles injurieuses qui ont été prononcées en cette circonstance par M. Avenel, non-seulement contre vous, mais aussi contre les institutions qui doivent être respectées de tous : et je vous donne *l'assurance* que si j'avais connu à l'avance le discours dont toute la responsabilité reste à son auteur, le scandale ne se serait pas produit.

Je viens donc, non-seulement en mon nom personnel, mais au nom du Conseil municipal, protester contre la conduite de M. Avenel, blâmable à tous égards, et vous donner *l'assurance* que nous en éprouvons tous le plus vif regret.

Je vous donne également *l'assurance* que nous nous associons de tout cœur aux témoignages de sympathie qui vous ont été donnés à l'unanimité par toute l'assistance lors de la protestation publique qui a été faite en votre faveur dans le cours de la cérémonie.

Veuillez agréer, Mesdames, avec l'expression de mes vifs regrets, *l'assurance* de mes sentiments les plus respectueux.

Le Conseiller municipal faisant fonction de Maire,

Signé : COUTURIER, J.

Pour copie certifiée conforme à l'original :

Signé : J. DUBORGIA.

Je n'ajouterai qu'un mot : J'ai lu chez moi, deux fois, mon discours, deux jours avant la distribution des prix à M. Jules-Edouard Couturier, et M. Jules-Edouard Couturier, aujourd'hui notre honorable maire, l'a trouvée **très-bien.**

Paul AVENEL.

Bougival, 11 Septembre 1879.

UNE ERREUR DE M. PAUL AVENEL

C'est donc à leurs fruits que vous les connaîtrez.
Évangile selon St-Mathieu.

Monsieur,

Je n'avais nulle raison pour être aimable avec vous, mais il en existait de très puissantes qui me faisaient un devoir de vous éclairer.

Vous ne les avez pas comprises, je vous plains.

Je vous vois décidé à rester le souffre-douleur de M. J. E. Couturier, maire de Bougival, et de M. Elie Baumann, adjoint de la dite commune. Votre résignation me touche, vous entrez dans le monde clérical par la soumission et le sacrifice, les deux grandes vertus de la vocation religieuse; c'est d'un grand esprit d'abjurer ses erreurs, je vous admire.

Je ne saurais vous imiter.

Nos rôles, il est vrai, ne sont pas les mêmes, nos griefs ne sont pas de même nature, vous avez été blessé dans votre amour-propre, j'ai été outragé dans mon honneur, les sensations sont différentes.

Vos collègues ont été indignes envers vous, ils vous ont jeté sur la grève comme une épave malsaine, vous alliez faire sombrer le navire, il fallait vous sacrifier. Ils ont abusé de votre bienveillante et crédule amitié, ils ont fait de vous une dupe et le jouet de leurs intrigues.

Votre vanité en souffrira, mais si vive que soit la plaie, vous oublierez; vous avez bonne charnure, comme dit le peuple, vous me paraissez complètement guéri, le *très-bien* de M. le Maire inonde votre cœur de joie.

Envers moi, vos collègues ont pris une autre attitude, ils ont osé m'accuser d'un faux en écriture privée, et vous, Monsieur, vous associant en quelque sorte à leur coupable pensée, vous avez cru sans examen.

Cette accusation qui devait vous révolter, vous laisse indifférent.

M. le Maire et M. l'Adjoint sont si haut placés dans le monde moral, que le doute ne vient pas à votre esprit, ils disent : cette lettre est fausse, M. Duborgia est un faussaire; et vous croyez!

Vous voyez-donc, Monsieur, que nous ne pouvons ni penser, ni agir de même.

Vous voulez bien me trouver aimable, votre ironie me plait.

Voilà tout ce que vous avez ressenti de cette injure, qui vous frappe autant que moi, puisque j'ai l'honneur d'être votre collègue; vous ne trouvez rien de mieux que ce titre : *Une amabilité de M. Duborgia.*

Mais de quelle pâte êtes-vous donc pétris MM. les dupeurs et vous M. le dupé?

Quoi! rien.

Vous avez parmi vous un faussaire et vous ne le frappez pas?

Vous...............Mais moi, que dirai-je de votre Trilogie?

Comment stigmatiser M. J. E. Couturier, Maire de Bougival, M. Elie Baumann, son adjoint, affirmant que la lettre écrite par eux n'existe pas, que M. Duborgia a fait un faux, que c'est une manœuvre électorale.

Quel nom donnerai-je à votre crédulité, M. Avenel?

Car, vous avez cru l'odieux mensonge de M. J. E. Couturier, et pour un moment, du 30 Août au 5 Septembre, j'ai passé dans votre esprit, pour un misérable, pour un faussaire.

Voici les faits.

Le samedi, 30 août, je vous envoie copie de la lettre signée J. E. Couturier, je vous la certifie conforme à l'original.

Le soir même vous allez chez M. J. E. Couturier, vous lui montrez la lettre que vous venez de recevoir, vous attendez que la lumière se fasse. Votre collègue vous répond : Non cette lettre n'existe pas, c'est un faux, c'est une manœuvre électorale.

Vous êtes satisfait, vous pressez la main de votre honorable futur maire, vous rentrez tranquillement chez vous, rien n'a troublé la sérénité de votre existence; et cependant un crime venait de s'accomplir, la preuve était entre vos mains, le coupable est un de vos collègues, un de vos antagonistes, il est vrai, mais si franc dans ses attaques, si dédaigneux de tout voile, que le soupçon ne devait pas même effleurer votre esprit.

Vous êtes si indifférent envers ce qui vient de se passer, que vous occupez votre soirée à confectionner un petit article destiné aux Informations de la province et de l'étranger. C'était la troisième édition de cet article, non revue, ni corrigée, en cela elle diffère essentiellement de votre discours-programme, aux Ecoles primaires, vous avez eu la sagesse de l'expurger et de nous l'offrir dans un costume plus décent.

Cependant, Monsieur, si de prime-abord vous avez ajouté foi à la version de vos collègues, il est juste de dire que par moment il vous venait des doutes; mais l'inéxorable preuve était là, et l'audieuse accusation, comment ne pas croire ?

Le Vendredi 5 Septembre, après cinq jours d'incubation, cette monstrueuse accusation prend un corps d... votre esprit, vous êtes résolu à déposer une plainte.

Vous vous rendez chez un de nos collègues, vous lui apprenez que vous allez poursuivre M. le D' Duborgia qui s'est rendu coupable d'un faux, en signant du nom de M. J. E. Couturier, une lettre qui n'existe pas.

« Ne poursuivez pas, M. Avenel, vous dit-on, la lettre existe, elle
« a été rédigée à la Mairie par M. le Secrétaire, en présence de M.
« J. E. Couturier, Elie Baumann et moi. »

« De plus, M. J. E. Couturier est allé porter sa lettre, il l'a remise
« lui même à Mesdames les Sœurs institutrices, il était accompagné
« de M. Elie Baumann et de moi. »

Ajoutons que M. Elie Baumann, charmant comme toujours, s'est confondu en excuses et en regrets; il peut être assuré que Mesdames les Sœurs ont su apprécier le comédien, mais les besoins de la cause exigeaient cette soumission. »

Vous fûtes indigné, Monsieur, cette affirmation vous arrachait des cris de colère et de ces tendres paroles que vous dites si bien: *Je vais leur laver la tête*, exclamiez-vous. Me jouer de la sorte ! ah ! les co.....

Tout ce feu de paille est déjà éteint, vous ne direz rien, et pour cause.

Et vous aurez raison, Monsieur, ne vous couvrez pas de ridicule.

Mais moi, Monsieur Avenel, moi, le faussaire, dois-je vous imiter? non.

J'accuse donc M" J. E. Couturier et Elie Baumann, l'un Maire de la commune de Bougival, l'autre, adjoint, de s'être rendus coupables envers M. Duborgia, leur collègue, d'une accusation de faux en écriture privée, alors qu'ils savaient, l'un et l'autre, que la lettre écrite à Mesdames les Sœurs institutrices existait, qu'elle était leur œuvre, fait qui constitue une indignité mettant ces deux administrateurs dans un état de déchéance et leur imposant l'obligation de quitter des fonctions qu'ils ne peuvent plus remplir avec honneur.

Voilà, Monsieur Avenel, ce que je vous invite à signer avec moi, en appelant l'attention de Monsieur le Préfet sur des actes, dont la gravité ne saurait lui échapper.

J'ai bien l'honneur d'être, avec toute l'amabilité possible, Monsieur, votre collègue, *le faussaire.*

J. DUBORGIA

ÉCOLES de BOUGIVAL

6me Lettre

a M. Jules-Edouard COUTURIER

Maire de Bougival.

SAINT-GERMAIN-EN-LAYE
Imprimerie Typo-Lithographique de Gendron et Paul,
5 et 7, rue Saint-Pierre.

Bougival, 23 Septembre 1879.

Monsieur le Maire,

> L'hypocrisie est un hommage que le vice
> rend à la vertu.
>
> DE LA ROCHEFOUCAULD, *Maximes*.

Avez-vous désiré la magistrature dont vous êtes investi ?

J'en doute.

L'avez-vous convoitée ?

Non.

Vous la subissez.

Je le crois.

Je me félicite, Monsieur le Maire, de votre venue.

Pour deux raisons.

Une toute personnelle.

Un jour vous l'éprouverez plus cruellement que moi, le jour où la lumière se fait.

Vous ne m'avez rien épargné, ni vous, ni votre majorité, aujourd'hui je vous connais, je peux donc vous estimer à votre juste valeur ; je vous renvoie à la maxime de la Rochefoucauld qui sert d'épigraphe à cette lettre.

Vous êtes jeune, Monsieur le Maire, si jeune que je peux être presque votre grand-père.

A ce titre, permettez-moi quelques conseils ; j'estime que vous me saurez gré de vous les avoir donnés.

La seconde raison qui me conduit à me féliciter de votre venue aux affaires de la commune de Bougival, c'est que vous êtes peuple, vous appartenez directement à la démocratie, aux nouvelles couches sociales ; à ce point de vue, vous êtes une garantie.

J'étais encore trop bourgeois pour vous et pour la partie illettrée de votre majorité, je vous étais suspect.

Mon bourgeoisisme (pardon du mot) ne vous avait pas donné assez de garanties de mon attachement à la République, de mon amour de la Patrie, de mon dévouement aux intérêts de la commune, de mon audacieuse énergie envers les ennemis de la démocratie.

Je vous étais suspect.

J'espère, Monsieur le Maire, que vous serez plus heureux que moi, vous ne vous arrêterez pas à la surface des choses, votre origine vous fait un devoir d'élever la voix en faveur du peuple ; on ne dira pas de vous que vous cherchez une *popularité malsaine*, enfant du peuple, votre vie toute entière lui appartient, votre intelligence, votre volonté, votre temps, le sacrifice de vos intérêts, tout lui est acquis, ou alors vous n'êtes pas *le serviteur* de la démocratie.

Il ne suffit pas d'écrire en lettres flamboyantes : *Vive la République !*

Il ne suffit pas de perdre dans les nues le ballon *le Corinthien*.

Non.

La fumée dissipée, le ballon loin de Saint-Michel, qui donc arrêtera son souvenir sur vos fêtes ?

Où sera votre mérite personnel, Monsieur le Maire, dans ces amusements de quelques heures ?

Si votre ballon est une raillerie à mon adresse, rappelez donc au lettré de votre majorité qu'il n'était pas donné à tout le monde d'aller à Corinthe, il en sait sans doute la cause.

Que prouvez vous, Monsieur le Maire ? Qu'il est plus facile d'élever un ballon que de répondre. Si c'est à cette démonstration d'impuissance que vous conviez la foule des curieux, rassurez-vous, le Corinthien n'ajoutera rien à vos illustrations ?

Hélas ! quelle Hétère, abandonnée des dieux et des hommes, daignerait accorder un regard méprisant à des Corinthiens de votre espèce ?

Monsieur le lettré n'a pas saisi cette antithèse, indigence et opulence.

Vous devez, Monsieur le Maire, aller au delà des fêtes, votre ambition doit être plus haute.

Vous devez vous inspirer des besoins de la démocratie, de ses aspirations légitimes, vous devez vous laisser conduire par la justice, par l'humanité, par la *solidarité* qui lie tous les membres d'un grand peuple.

Ai-je trop espéré de vous, Monsieur le Maire ? Non.

Et c'est pourquoi je félicite les ouvriers de Bougival, qu'ils appartiennent à la grande industrie agricole ou à l'atelier d'avoir un enfant du peuple pour interprète de leurs besoins et l'exécuteur de leurs volontés.

Ne croyez pas que tout vous sera facile, si surtout vous voulez être juste, si vous voulez réaliser ce que vos devoirs vous imposent.

Que mon expérience vous serve, Monsieur le Maire, ne faites pas trop de cas de votre majorité, vous avez près de vous des hommes sur lesquels j'appelle votre défiance.

Le plus dangereux, assurément, est votre adjoint, M. Elie Baumann.

Qu'il ne soit pas le plus beau fleuron de votre couronne.

Reléguez-le parmi les inutilités, ou, malheur à vous.

Il a le toucher froid et humide des Ophidiens, comme eux il est un endormeur.

Lorsque vous faites un retour sur ces deux mois écoulés et que, dans votre for intérieur, vous pesez la valeur intrinsèque de vos électeurs, combien vous constatez de regrettables lacunes ; l'avenir vous inquiète, déjà le présent est sombre, et involontairement vous interrogez le passé pour vous instruire aux leçons de l'expérience.

Souvenez-vous des belles protestations d'estime, d'amitié, de gratitude dont j'étais comblé; vous étiez parmi *ceux-là*, Monsieur le maire, et votre adjoint.

Souvenez-vous de la lettre à M. le préfet, signée des cinq, vous étiez encore parmi *ceux-là*, Monsieur le maire, et votre adjoint.

Souvenez-vous de la circulaire aux électeurs, signée des huit, où M. Elie Baumann, le scribe de la compagnie, se permet de mépriser profondément.

M. Elie Baumann, qui méprise profondément ! ! !

Lui, sans doute.

Vous étiez toujours parmi *ceux-là*, Monsieur le maire, et votre adjoint.

Souvenez-vous du discours de M. Avenel, un de vos conseillers intimes ; après deux lectures, vous l'avez approuvé sans réserve, l'auteur affirme que ce discours vous l'avez trouvé *très-bien*.

Vous étiez seul *responsable*, Monsieur le Maire, ne l'oubliez pas.

Souvenez-vous de notre distribution des prix, de votre discours, sage, modéré, convenable pour tous, que j'ai applaudi de grand cœur, où vous disiez, en terminant : je laisse à une parole plus autorisée que la mienne le soin de vous parler de ces grandes questions..

Votre *responsabilité* s'accentuait de plus en plus, veuillez en prendre note, Monsieur le maire.

Souvenez-vous des chaleureux applaudissements, dont tout l'honneur revenait à Mesdames les sœurs institutrices, hélas ! lorsque je voulus réparer l'oubli, si inconvenant, commis par la parole plus autorisée.

N'oubliez pas ce jour, Monsieur le Maire, c'est le commencement de votre *décadence*.

Souvenez-vous de la lettre rédigée par M. Lhuillier, secrétaire de votre mairie, signée par vous, portée par vous, Monsieur le Maire, à Mesdames les sœurs institutrices.

Dans cette lettre, M. Avenel était injurieux, M. Avenel était blâmable, M. Avenel causait du scandale, le discours de M. Avenel était i........ Mais M. Avenel est blindé, il est à l'épreuve de toutes les avanies.

C'était assez original ce *très-bien* et ce *très-mal*, émanant de la même bouche et sur le même objet. De cette façon on fait le bonheur de tout le monde.

Ne vous exposez plus, Monsieur le Maire, à un tel succès de contradictions, vous y perdriez votre réputation d'homme d'esprit, d'administrateur capable, votre jugement serait profondément atteint, on serait en droit de douter de votre bon sens.

Souvenez-vous du 30 août, cette date est un jalon dans votre existence ; votre lettre, celle écrite par vous à Mesdames les sœurs institutrices, vous était mise sous les yeux, *vous avez nié qu'elle fût de vous.* J'étais un *faussaire*, c'était une manœuvre électorale.

Vous ne l'avez pas oubliée, Monsieur le Maire, vous vous souvenez, n'est-ce pas ? Une monstruosité de cette nature reste éternellement dans la vie d'un homme et marque de plus en plus sa *décadence.*

Souvenez-vous de cette petite feuille à la main, elle avait pour titre : *Une amabilité de M. Duborgia.*

Elle eût été bien mieux nommée : Le *très-bien* de M. Jules-Edouard Couturier, pépiniériste, actuellement Maire de Bougival, en France ; c'était le point saillant, l'auteur lui-même, l'avait mis en vedette, les quatre assurances étaient soulignées ; les deux magisters étaient en présence, le clérical et l'anti-clérical, l'affirmation et la négation, la rose blanche et la rose rouge, les Guelfes et les Gibelins, l'éternelle opposition des sentiments, des caractères, des aspirations ; mais ici le lien commun est la haine, on subit tout pour la satisfaire.

Vous souvenez-vous, Monsieur le Maire, de cette petite feuille ?

Qu'avez-vous répondu au *très-bien* de M. Avenel ?

Nul ne le sait.

On prétend qu'il vous a lavé la tête, une vraie lessive, quoi !

Il y a mis tout son savoir, toute son aménité, toute son esquise éducation, cela fût parfait, dit-on, le besoin s'en faisait sentir, paraît-il.

Vous êtes sorti de ses mains blanc comme neige, mais convenablement éreinté, selon les langues de l'endroit. Ce qui continue votre *décadence,* monsieur le maire.

Vous souvenez-vous.................... Mais non, vous ne vous souvenez de rien, puisque vous préparez de nouvelles perfidies et qu'avec l'aide de M. Elie Baumann vous voulez atteindre le summun de la déconsidération.

Allez, Monsieur le Maire, allez. Je sais bien que je galvanise des cadavres. Je sais bien que vous êtes morts pour le monde moral, vous ne reculerez devant rien ; *lettre fausse, adultération des textes, disparition des originaux,* mensonge, calomnie, blasphème, vous épuiserez la gamme, sur la pente où vous glissez, Monsieur le Maire, se trouve l'ignominie.

Demandez à M. Lhuillier, cet es-maitre en morale, en loyauté, en désintéressement, demandez-lui donc d'aller dire à M. Avenel qu'il a fait un *ignoble* discours.

Voilà où vous en êtes, Monsieur le Maire, compromis par votre adjoint, compromis par votre secrétaire, dont vous êtes condamné à être le Sosie, triste rôle, à votre âge ; compromis par cet homme illustre qui vous honore de son amitié, en attendant qu'il vous déshonore de sa haine ; compromis par tous, aussi bien par le neuvième que par le deuxième, je vous vois plus à blâmer qu'à plaindre, vos amis sont en train de vous enterrer incivilement.

Requiescat in pace.

Voilà bien des fautes, bien des indignités, Monsieur le Maire, n'en commettez plus, il est temps, si déjà, toutefois, il n'est pas trop tard.

Le jour où vous tomberez, vous ne vous relèverez plus, votre vie publique sera finie.

En ce moment, vos administrés ont les yeux sur vous, vous êtes un *ballon* d'essai ; on veut savoir de quel côté tourne le vent, il est au neuvième ; et chacun veut vous servir de pilote ; en ce moment vous avez pour timonier le Prophète et pour boussole le ballon *le Corinthien*.

Vous ne voyez rien à l'horizon, rien que les vapeurs bleues de la montagne, dans l'azur de votre ciel vous ne voyez aucun nuage.

Heureux mortel !

Interrogez votre Prophète, c'est une des lumières de céans.

Mais, méfiez-vous.

> Dans le labyrinthe avec vous descendu,
> Il se faufilera, mais vous serez perdu.

Pardonne-moi, ô Racine !

Si j'en crois certaine rumeur, il est votre nymphe Égérie, il vous éclaire. Ses vues sur vous datent de ce fameux *coup de tambour* ; le fait est que ce jour vous fûtes épique.

Arrivé à de telles hauteurs on est pris de vertige, maladie commune chez les neuf ; je devrais excepter votre Prophète, il tient du zoophyte, son unique occupation est de chercher à vous loger dans ses alvéoles.

Ah ! Monsieur le Maire, que vous êtes loin de ce *coup de tambour*, vous n'oseriez plus reproduire la même annonce, votre neuvième est là qui vous démentirait ; mais la contradiction est l'essence de votre vie, savez-vous pourquoi ? Non.

Demandez à M. Eugène Delattre, qui vous connaît à fond ; moins bien cependant que le catalogue de vos roses.

Mais pourquoi vous nomme-t-on : *coup de cidre*, vous êtes d'une rare sobriété ; il serait bien plus vrai de vous appeler : *coup de tambour*, ce titre marquerait votre personnalité, vous le transmettriez d'âge en âge, il commencerait votre légende.

Allons, un pas encore, et nous aurons la fameuse liste tant répudiée par vous. C'était bien la peine de faire tout ce tapage, de frapper si fort cette pauvre *peau d'âne* ; n'aviez-vous pas sous la main le Prophète Élie ? Il a toutes les aptitudes, depuis celle du pitre, jusqu'à celle, plus noble, de la charmante déesse qui *tambourinait* Numa, de fabuleuse mémoire.

Ah ! Monsieur le Maire, je vous vois mal engréné.

Qu'allez-vous devenir ?

Vous serez la tête de Turc sur laquelle chacun voudra s'asseoir et frapper, cela ne manquera pas de piquant pour la galerie, nous nous croirons encore à la fête de Bougival, en France.

Veuillez agréer, je vous prie, Monsieur le Maire, l'expression des sentiments les plus respectueux de votre collègue, *le faussaire*.

Dʳ J. DUBORGIA.